SCHOLASTIC explora tu mundo™

Los planetas

Penelope Arlon
y Tory Gordon-Harris

Cómo explorar tu mundo

Los planetas es un libro muy fácil de usar. Si conoces sus partes, vas a disfrutar y a aprender más al leerlo.

Las páginas

Cada página es diferente, pero todas están llenas de información, fotos espectaculares y datos interesantes.

En la introducción se dice de lo que tratan las páginas.

Los rótulos explican lo que aparece en las ilustraciones.

Las leyendas te dan más información sobre el tema.

Este símbolo indica que puedes ver el planeta del que se habla en la página sin tener que usar un telescopio.

Mercurio

Mercurio es el planeta más cercano al Sol. Por eso es muy caliente: ¡cuatro veces más caliente que el agua hirviente!

PLANETA NÚMERO 1 Mercurio es el primer planeta, y el más pequeño, del sistema solar. También tiene la órbita más rápida.

Panel solar

Sombrilla solar

Imán

La Mariner 10, como otras sondas espaciales, vuela por el espacio sin personas a bordo.

Mariner 10
La *Mariner 10* fue la primera sonda espacial en llegar a Mercurio. Salió de la Tierra en 1973 y pasó volando por Mercurio tres veces.

Averigua en Internet cuándo Mercurio se ve más brillante en el cielo.

LO PUEDES VER

Desde la Tierra
Por estar tan cerca del Sol, Mercurio es difícil de ver desde la Tierra, pues se pierde en su luz. Solo es visible por unas horas tras el ocaso y antes del amanecer.

18 Aunque el recorrido de Mercurio alrededor del Sol es el

LO PUEDES VER

Libro digital complementario

Descarga gratis el libro digital **Increíbles máquinas espaciales** en el sitio de Internet en inglés:

www.scholastic.com/discovermore

Escribe este código: RCHHFR6XCC43

Astromóvil

Lee sobre increíbles máquinas espaciales

Esta caja te indica la posición de cada planeta en el sistema solar.

El texto en letra chica te ofrece datos interesantes sobre las ilustraciones.

Busca los temas en el contenido.

Planeta rocoso
Mercurio es uno de los planetas rocosos. Está cubierto de grandes hoyos, o cráteres, que se forman cuando unas piedras grandes, llamadas asteroides, chocan contra él.

Mercurio tiene un inmenso cráter llamado la Cuenca Caloris. Tiene 808 millas (1.300 kilómetros) de ancho.

DATOS
Distancia promedio al Sol:
37 millones de millas
(60 millones de km)

Duración del día:
59 días terrestres
Duración del año:
88 días terrestres

Nombre: Mercurio lleva el nombre de un dios alado por ser muy rápido.

Si fueras a Mercurio, el Sol se vería **2½** veces más grande que desde la Tierra.

Lunas: 0

...millones
...millas
(60 millones de km)
Duración del día:
59 días terrestres
Duración del año:
...días terrestres

LA TEMPERATURA **MÁS CALIENTE** EN LA SUPERFICIE DE MERCURIO ES DE **801°F** (427°C)

...más rápido, Mercurio no es el planeta que más rápido rota. **19**

El renglón inferior contiene datos breves y preguntas.

Los cuadros de datos ofrecen información y estadísticas sobre cada planeta.

Busca las palabras nuevas en el glosario.

Busca una palabra en el índice para ver en qué páginas aparece.

Aprende más

Este símbolo te lleva a otra página con más información.

Pancam y navcam

Los ojos
El astromóvil tiene dos pares de cámaras, que son, como sus ojos. Dos ojos que funcionan juntos pueden captar las imágenes mucho mejor que un solo ojo. Los "ojos" del astromóvil le muestran a un objeto, como una roca, por ejemplo, está lejos o cerca, para no chocar contra ella. Las cámaras envían fotografías en tercera dimensión a la Tierra.

Haz clic en los rótulos para ver más información

Marte

Marte es un pequeño planeta rocoso y muy seco. Es el cuarto planeta más cercano al Sol, y el más cercano a la Tierra, por lo que desde la antigüedad fascinó a los seres humanos. Por muchos años los astrónomos pensaron que Marte era muy parecido a la Tierra, que tenía oxígeno, agua y casquetes de hielo en los polos. Más tarde descubrieron que era un planeta seco y no tenía mares, lagos ni ríos.

Tiene un poco más de la mitad del tamaño de la Tierra: 7.926 millas (12.795 kilómetros) de diámetro. Tiene en su superficie diversos accidentes geográficos como, por ejemplo, cráteres, grandes volcanes extintos y un sistema de cañones casi tan largo como el ancho de Estados Unidos.

Si dieras un paseo por Marte, verías peñascos de color anaranjado oscuro o marrón, y dunas de fina arena anaranjada. Ese color se debe a minerales que contienen óxidos de hierro, como el herrumbre anaranjado que vemos en el hierro en la Tierra.

Artículos de enciclopedia con datos interesantes

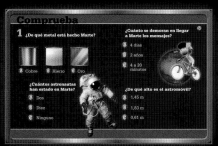

Comprueba

1 ¿De qué metal está hecho Marte?
A Cobre   B Hierro   C Oro

¿Cuánto se demoran en llegar a Marte los mensajes?
A 4 días
B 2 años
C 4 a 20 minutos

¿Cuántos astronautas han estado en Marte?
A Dos
B Diez
C Ninguno

¿De qué alto es el astromóvil?
A 1,45 m
B 1,83 m
C 0,61 m

Preguntas sobre el espacio

Consultor: Dr. Craig Underwood, BSc, PGCE, PhD, FBIS, MIEEE

Consultora educativa: Jane E. Mekkelsen, Literacy & Learning Connections LLC

Directora de arte: Bryn Walls

Diseñadora: Ali Scrivens

Editora general: Miranda Smith

Editora en EE.UU.: Beth Sutinis

Editores en español: María Domínguez, J.P. Lombana

Diseñadora de la cubierta: Natalie Godwin

DTP: John Goldsmid, Sunita Gahir

Editora de contenido visual: Diane Allford-Trotman

Director ejecutivo de fotografía, Scholastic: Steve Diamond

Library of Congress Cataloging-in-Publication Data Available

ISBN 978-0-545-45888-7

10 9 8 7 6 5 4 3 2 1   12 13 14 15 16

Printed in Singapore 46
First Spanish edition, September 2012

Scholastic hace esfuerzos constantes por reducir el impacto ecológico de nuestros procesos de manufactura. Para ver nuestras normas para la obtención de papel, visite www.scholastic.com/paperpolicy.

Contenido

Los planetas

Un planeta es un objeto redondo que orbita, o se mueve alrededor de, una estrella y refleja su luz. Los planetas pueden estar formados por rocas o gases.

Nuestra familia de planetas

Hay ocho planetas primarios que orbitan nuestra estrella, el Sol. Nuestro planeta, la Tierra, es uno de ellos.

Planetas viajeros

Durante miles de años, las personas observaron las estrellas, que se movían a través del cielo como sobre un inmenso mapa flotante. Algunas de esas estrellas parecían moverse de un modo diferente: en realidad eran planetas, no estrellas.

Todos los planetas son redondos. La fuerza que les da esa forma se llama gravedad.

Lee más sobre la gravedad de los planetas en la pág. 22.

Marte está formado por rocas y metales, como la Tierra.

Planetas rocosos

Algunos planetas de nuestro sistema solar están formados por rocas, metales o ambos. Uno se podría parar sobre ellos.

El planeta Urano está formado por gases y líquidos.

Gigantes gaseosos

Algunos planetas de nuestro sistema solar están formados por gases o líquidos. Son muy grandes. Uno no se podría parar sobre la superficie de estos planetas.

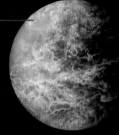

Antes se pensaba que Plutón era un planeta primario.

Planetas enanos

Los planetas enanos como Plutón son objetos más pequeños que también orbitan nuestro sol. Están mucho más lejos que los ocho planetas primarios.

Es posible que exista vida en planetas lejanos, como este.

Planetas extrasolares

Los científicos están descubriendo planetas en el espacio que giran alrededor de otras estrellas. Ya han descubierto más de 500.

Lunas

Algunos planetas tienen lunas que orbitan a su alrededor. Nuestro planeta, la Tierra, tiene una luna. Otros planetas tienen muchas más: ¡Júpiter tiene 63 lunas!

Júpiter tiene cuatro lunas grandes y muchas lunas pequeñas.

¿Dónde estamos?

A la totalidad del espacio la llamamos el universo. Es tan grande que resulta difícil imaginárselo. La Tierra es uno de los innumerables planetas que hay en el universo.

El universo

Cuando miras las estrellas, estás mirando el universo. Todo lo que ves forma parte del universo.

Nuestro lugar en el cielo

Aunque no sabemos cuán grande es el universo, sí sabemos lo que hay a nuestro alrededor. Empecemos por nuestra casa y ampliemos luego el objetivo.

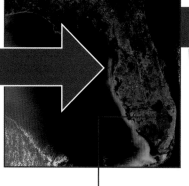

planeta
Nuestro planeta es la Tierra. Es el tercer planeta más cercano al Sol.

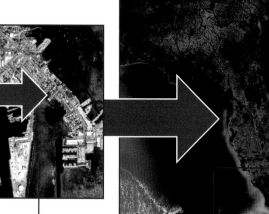

casa
Esta es la foto de una casa tomada desde el aire.

ciudad
Si subimos un poco más podemos ver una ciudad con muchas casas.

estado
Si te alejas más verás que la ciudad está en un estado donde viven millones de personas.

país
Más lejos aun podremos ver que el estado es parte de un inmenso país de la Tierra.

Aprende más sobre las galaxias en la pág. 51.

El universo se está expandiendo. Lo sabemos porque los

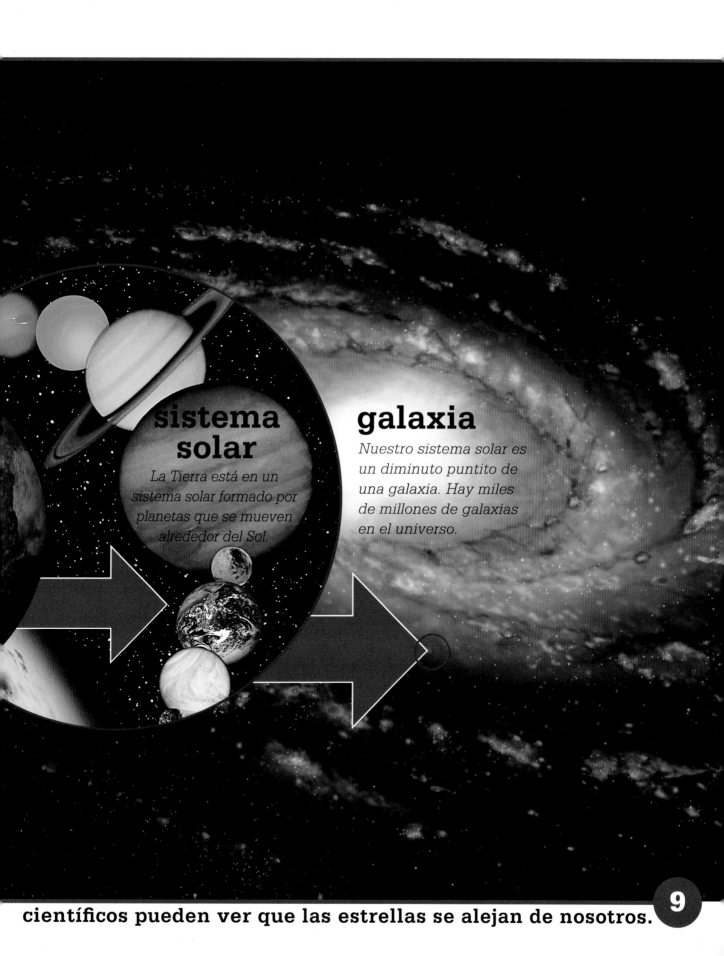

sistema solar

La Tierra está en un sistema solar formado por planetas que se mueven alrededor del Sol.

galaxia

Nuestro sistema solar es un diminuto puntito de una galaxia. Hay miles de millones de galaxias en el universo.

científicos pueden ver que las estrellas se alejan de nosotros.

El sistema solar

El Sol está en el centro de nuestro sistema solar. Millones de objetos viajan a su alrededor. Los objetos más grandes son los ocho planetas primarios. Cada planeta rota sobre sí mismo mientras viaja alrededor del Sol.

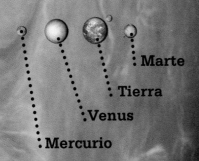

Marte

Tierra

Venus

Mercurio

Júpiter

Mercurio
En Mercurio hace mucho calor, pues es el planeta más cercano al Sol.

Venus
Venus tiene un tamaño similar al de la Tierra, pero está rodeado de nubes venenosas.

Tierra
La Tierra es el tercer planeta más cercano al Sol, y el único en el que sabemos que hay vida.

Marte
A Marte le dicen el planeta rojo. En Marte han aterrizado sondas espaciales.

Averigua a qué distancia están los

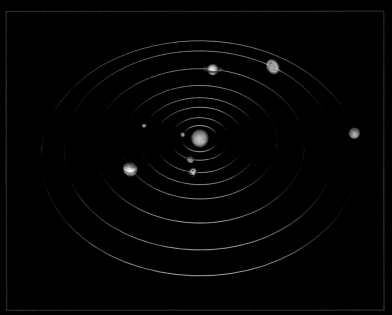

Las órbitas de los planetas

Los ocho planetas primarios viajan alrededor del Sol en círculos casi perfectos, u órbitas. La gravedad del Sol los atrae como un gigantesco imán, impidiendo que se alejen por el espacio.

Saturno es el planeta más distante de la Tierra que se puede ver sin un telescopio.

Aprende más sobre el Sol en la pág. 16.

Neptuno

Urano

Saturno

Júpiter
Júpiter es el planeta más grande del sistema solar. Es una gran bola de gases.

Saturno
Saturno tiene los anillos más grandes y espectaculares a su alrededor.

Urano
Urano es el séptimo planeta desde el Sol. Tiene anillos, pero son casi invisibles.

Neptuno
Neptuno es el planeta más lejano del Sol. Es un planeta muy frío y oscuro.

planetas del Sol en la página de cada planeta.

Dioses en el cielo

Hace más de 2.000 años, los romanos dieron a los planetas nombres de dioses. Algunos de esos nombres se siguen usando.

Mercurio recibió el nombre del mensajero de los dioses.

Marte recibió el nombre del dios romano de la guerra por ser rojo, como la sangre.

Venus era la diosa romana del amor.

Tierra proviene de Terra, la diosa romana de la fecundidad.

MERCURIO

DIÁMETRO
3.032 millas
(4.880 kilómetros)

DATO
Mercurio es el planeta más pequeño del sistema solar.

FORMADO POR
Rocas

LUNAS
0

VENUS

DIÁMETRO
7.520 millas
(12.102 kilómetros)

DATO
Venus es el planeta más caliente del sistema solar.

FORMADO POR
Rocas

LUNAS
0

TIERRA

DIÁMETRO
7.926 millas
(12.755 kilómetros)

DATO
Tierra es el mayor de los planetas rocosos del sistema solar.

FORMADO POR
Rocas

LUNAS
1

MARTE

DIÁMETRO
4.222 millas
(6.795 kilómetros)

DATO
El planeta Marte tiene estaciones, como la Tierra.

FORMADO POR
Rocas

LUNAS
2

En la antigua Grecia, se inventaron símbolos para los

Júpiter era el rey de los dioses romanos: un buen nombre para el más grande de los planetas de nuestro sistema solar.

Saturno fue el padre de Júpiter. Y Saturno era el planeta más lejano que los romanos podían ver en el cielo.

Urano no se conocía en la antigüedad. Se le dio el nombre de un dios griego en 1781.

Neptuno recibió el nombre del dios romano del mar en la época moderna.

JÚPITER	SATURNO	URANO	NEPTUNO
DIÁMETRO 88.846 millas (142.984 kilómetros)	**DIÁMETRO** 74.900 millas (120.540 kilómetros)	**DIÁMETRO** 31.763 millas (51.118 kilómetros)	**DIÁMETRO** 30.755 millas (49.495 kilómetros)
DATO Júpiter es el planeta que más rápido rota en el sistema solar.	**DATO** ¡Saturno es tan ligero que podría flotar sobre el agua!	**DATO** Desde la Tierra, solo se puede ver Urano con un telescopio.	**DATO** Neptuno es el planeta más ventoso del sistema solar.

FORMADO POR Gases y líquidos	**FORMADO POR** Gases y líquidos	**FORMADO POR** Gases y líquidos	**FORMADO POR** Gases y líquidos
LUNAS 63	**LUNAS** 62	**LUNAS** 27	**LUNAS** 13

planetas. Por ejemplo, ☿ era el símbolo de Mercurio.

Exploración del espacio

Los seres humanos comenzaron a explorar el espacio en la década de 1950. Antes solo podíamos observar el cielo nocturno.

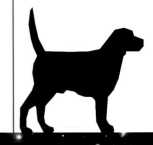

......V2

1957
La Unión Soviética envía el primer animal al espacio: una perra llamada Laika.

1543
Nicolás Copérnico descubre que el Sol está fijo y los planetas giran a su alrededor.

1781
El 13 de marzo de 1781 Sir William Herschel anuncia el descubrimiento de Urano.

1942
El cohete alemán V2 es el primero en salir de la atmósfera de la Tierra.

1610
Galileo Galilei inventa el telescopio y descubre que Júpiter tiene lunas.

1846
Se descubre el octavo planeta de nuestro sistema solar: Neptuno.

1959
Se toma la primer foto de la Tierra desde el espacio.

Hace años . . .
Hace miles de años la gente observaba atentamente en la noche las estrellas y los planetas y les daban nombres.

Sputnik 1

1957
La Unión Soviética lanza al espacio el primer satélite: el Sputnik 1.

LO PUEDES VER

Este símbolo indica que lo puedes ver a simple vista en el cielo nocturno.

14

Aprende más sobre el paseo lunar en la pág. 26.

1981

El primer transbordador espacial, el Columbia, viaja al espacio y regresa a la Tierra.

1995

La sonda espacial Galileo orbita Júpiter por primera vez.

2000

Se lanza la EEI (Estación Espacial Internacional).

1961

Yuri Gagarin, de la Unión Soviética, es el primer ser humano en viajar al espacio.

1986

Por primera vez hay personas viviendo en el espacio, en la estación espacial soviética Mir.

2001

Dennis Tito paga millones de dólares para ir al espacio como el primer turista espacial.

1969

El mundo ve a Neil Armstrong convertirse en el primer ser humano en pisar la Luna.

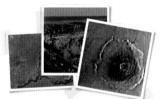

1976

La NASA recolecta las primeras fotos y muestras de suelo de la superficie de Marte.

1990

Se lanza el Telescopio Espacial Hubble, que ofrece una nueva visión del espacio.

¿?

¿Qué veremos en el futuro? ¿Vacaciones en el espacio, un hotel en la Luna? ¡Quién sabe!

Telescopio Espacial Hubble

El Sol

El Sol, que ilumina nuestro mundo, es en realidad una estrella. Es una bola de gas muy caliente y muy, muy grande. El Sol nos da luz y calor.

UN MILLÓN DE TIERRAS cabrían dentro de NUESTRO SOL.

EL DIÁMETRO DEL SOL ES 109 VECES MAYOR QUE EL DIÁMETRO DE LA TIERRA.

Erupciones solares

El Sol emite ondas llamadas erupciones solares. Si esas ondas pasan cerca de la Tierra, pueden causar apagones. Hace 150 años, una erupción solar cortó los cables de telégrafo. ¡Imagínate lo que podría hacer a nuestras computadoras hoy en día!

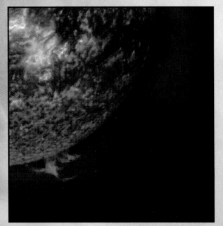
Una enorme erupción solar brota del Sol.

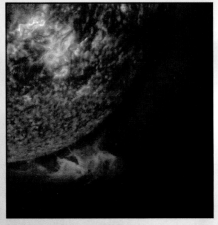
Viaja hacia la Tierra como una ola de calor.

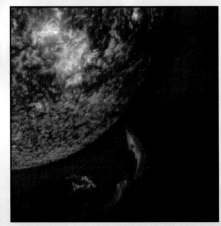
Se disuelve en el espacio antes de llegar a la Tierra.

El Sol está a unos 93 millones de millas (150 millones de km) de

ESTRELLA MEDIANA

El Sol es una estrella mediana, aunque nos parezca muy grande. Hay estrellas mucho más grandes que el Sol.

Un adulto es del tamaño del Sol.

La canica es la Tierra.

EL EXPERIMENTO DE LA CANICA

Lleva una canica a 100 pasos de un adulto. Eso muestra la distancia que hay de la Tierra al Sol, y cuánto más grande que la Tierra es el Sol.

Aprende más

sobre los cometas en la pág. 47.

La sonda SOHO orbita el Sol y está como 1 millón de millas (1,5 millones de kilómetros) más cerca del Sol que la Tierra.

Durante su estudio del Sol, ¡la SOHO ha descubierto 2.000 cometas!

SOHO

La sonda espacial *SOHO* se lanzó al espacio en 1995 para estudiar el Sol. Envía a la Tierra imágenes y datos sobre la temperatura y los vientos solares.

la Tierra. Su luz se demora ocho minutos en llegar a la Tierra.

Mercurio

Mercurio es el planeta más cercano al Sol. Por eso es muy caliente: ¡cuatro veces más caliente que el agua hirviente!

Mercurio es el primer planeta, y el más pequeño, del sistema solar. También tiene la órbita más rápida.

Panel solar

Sombrilla solar

Imán

La Mariner 10, como otras sondas espaciales, vuela por el espacio sin personas a bordo.

Mariner 10

La *Mariner 10* fue la primera sonda espacial en llegar a Mercurio. Salió de la Tierra en 1973 y pasó volando por Mercurio tres veces.

Averigua en Internet cuándo Mercurio se ve más brillante en el cielo.

LO PUEDES VER

Desde la Tierra

Por estar tan cerca del Sol, Mercurio es difícil de ver desde la Tierra, pues se pierde en su luz. Solo es visible por unas horas tras el ocaso y antes del amanecer.

Aunque el recorrido de Mercurio alrededor del Sol es el

Planeta rocoso

Mercurio es uno de los planetas rocosos. Está cubierto de grandes hoyos, o cráteres, que se forman cuando unas piedras grandes, llamadas asteroides, chocan contra él.

Mercurio tiene un inmenso cráter llamado la Cuenca Caloris. Tiene 808 millas (1.300 kilómetros) de ancho.

DATOS

Distancia promedio al Sol:
37 millones de millas
(60 millones de km)

Duración del día:
59 días terrestres

Duración del año:
88 días terrestres

Nombre: Mercurio lleva el nombre de un dios alado por ser muy rápido.

Si fueras a Mercurio, el Sol se vería

2½ veces más grande que desde la Tierra.

Lunas: 0

LA TEMPERATURA **MÁS CALIENTE** EN LA SUPERFICIE DE MERCURIO ES DE **801°F** (427°C).

más rápido, Mercurio no es el planeta que más rápido rota.

Venus

A Venus le dicen el gemelo de la Tierra, pues tiene un tamaño similar y está formado por rocas parecidas.

PLANETA NÚMERO

2

Venus es el segundo planeta más cercano al Sol, y el más cercano a la Tierra.

Días nublados

Venus tiene un paisaje rocoso y nubes amarillas tan densas que la luz del Sol no llega nunca a su superficie. En Venus todos los días son nublados.

LO PUEDES VER

Venus es fácil de ver en el cielo estrellado. Es el objeto natural más brillante después de la Luna.

Aprende más sobre las sondas espaciales en la pág. 38.

Un día es una rotación completa de un planeta. Un día de la Tierra

El viaje de la sonda espacial *Magallanes*

1 El despegue

En 1989, el transbordador *Atlantis* lanzó la sonda espacial *Magallanes* en dirección a Venus.

2 La misión

Un año después, la sonda llegó y pasó cuatro años orbitando Venus y enviando datos a la Tierra.

3 El fin

En 1994, la *Magallanes* se estrelló contra la atmósfera de Venus y su corrosivo aire la destruyó.

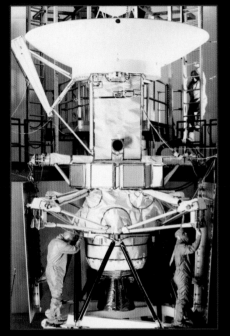

Al rojo vivo

Venus está más lejos del Sol que Mercurio, pero es más caliente: 900°F (480°C). Venus rota lentamente, por lo que el Sol calienta el planeta durante meses sin que llegue la noche. Además, sus nubes atrapan el calor.

DATOS

Distancia promedio al Sol:
67 millones de millas (107 millones de km)

Duración del día:
243 días terrestres

Duración del año:
225 días terrestres

Nombre: Venus era la diosa romana del amor.

Lunas: 0

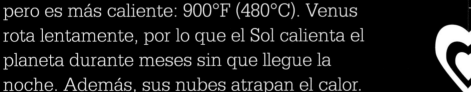

dura 24 horas. ¡Un día en Venus dura 243 días terrestres!

La Tierra

Nuestro planeta, la Tierra,
es el único del sistema solar
del que se sabe con certeza
que tiene océanos y vida.
Por eso es muy, muy especial.

3

*El tercer planeta
más cercano al Sol
es el nuestro:
la Tierra.*

*La Tierra tiene
una sola luna.*

La atmósfera

Nuestro planeta está
rodeado por una gruesa
capa de gases, llamada
atmósfera, que la
gravedad mantiene en
su lugar. Es como una
burbuja que nos protege
de los rayos del Sol.

La gravedad

La Tierra atrae los objetos a
su centro. Esta fuerza se
llama gravedad. La gravedad
es la causa por la que los
objetos caen al suelo si los
sueltas, y hace que
podamos caminar sin
elevarnos en el aire.

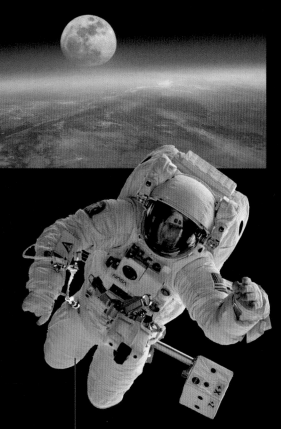

*Cuando los astronautas
están en el espacio,
flotan como globos.*

La Tierra tarda un día en dar una vuelta alrededor de su eje.

La vida en la Tierra

La Tierra es el único planeta donde sabemos que hay vida. Las plantas y los animales necesitan agua, aire respirable y una temperatura apropiada para sobrevivir. La Tierra es el lugar ideal para vivir.

DATOS

Distancia promedio al Sol:

93 millones de millas (150 millones de km)

Duración del día:
23 horas, 56 minutos

Duración del año:
365¼ días

Lunas: 1

El centro de la Tierra es un núcleo de hierro donde la temperatura llega a **10.832°F (6.000°C):** es tan caliente como la superficie del Sol.

Y tarda un año en hacer su recorrido alrededor del Sol.

La Luna

La Luna es nuestro vecino más cercano en el espacio. Gira alrededor de la Tierra y es el objeto más brillante en el cielo nocturno.

Mar de la Serenidad

Mar de la Tranquilidad

Cráter Copérnico

Mar Nectaris

Cráter Tycho

La Luna está cubierta de abolladuras, llamadas cráteres, que han sido causadas por el impacto de meteoritos que se han estrellado contra ella.

La Luna tiene manchas oscuras que llamamos mares, pero estas no tienen agua como los mares de la Tierra.

Las fases de la Luna

De una luna llena a otra pasan 29½ días. A las formas de la

La cambiante Luna

¿Has notado que la Luna cambia de forma cada varios días? Vemos diferentes partes de ella según la cantidad de luz solar que recibe.

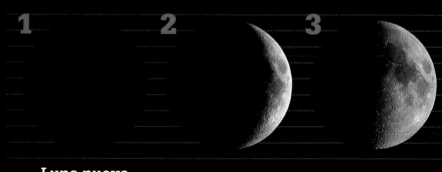

1 **2** **3**

Luna nueva

Dibuja la silueta de la Luna cada noche durante un mes

Los eclipses

A veces la Luna pasa entre el Sol y la Tierra. Puede bloquear completamente la luz del Sol hasta por ocho minutos. A este fenómeno se le llama eclipse.

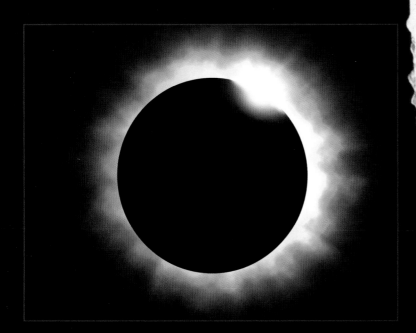

Desde la Tierra solo vemos un lado de la Luna: la cara visible. A la otra mitad la llamamos el lado oscuro.

Luna se las llama "fases de la Luna".

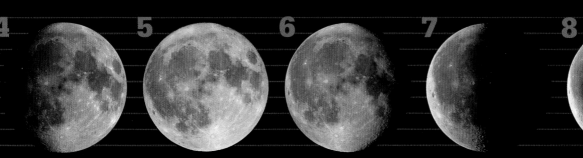

Luna llena

y observa como la Luna cambia cada día.

¡UN HOMBRE EN LA LUNA!

"El *Águila* ha aterrizado"

La llegada a la Luna

El 20 de julio de 1969, 600 millones de personas de todo el planeta vieron en sus televisores como el pequeño módulo lunar *Eagle* (Águila) aterrizaba en la Luna. Era la primera vez que los seres humanos llegaban a un lugar fuera de la Tierra.

250.000
millas de la Tierra a la Luna

Buzz Aldrin sobre la superficie de la Luna.

El diario de la misión

16 DE JULIO DE 1969

Neil Armstrong, Edwin "Buzz" Aldrin y Mike Collins despegan en el *Apollo 11*.

Listos para el despegue

20 DE JULIO DE 1969

Tras viajar cuatro días por el espacio, los astronautas llegan a la Luna. Neil Armstrong y Buzz Aldrin subieron al *Eagle* y descendieron en el módulo hasta la Luna. Mientras tanto, Mike Collins se quedó en la nave espacial, volando alrededor de la Luna.

20 DE JULIO, 02:56

A las 02:56 (Hora del Meridiano de Greenwich), Neil Armstrong baja del *Eagle* (abajo) y pone su pie izquierdo en la Luna.

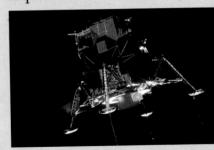

Un legado para el futuro

El *Eagle* aterrizó en el Mar de la Tranquilidad.

Una huella de uno de los astronautas en la Luna.

Los astronautas enterraron la bandera estadounidense en el polvo de la Luna. También dejaron un bolso con una hoja de olivo dorada, un símbolo de paz, y un disco de silicio con mensajes del presidente Richard Nixon y otros 73 líderes.

20 DE JULIO, 03:15

Cuando Neil Armstrong pisa la Luna, dice: "Es un pequeño paso para un hombre, pero un gran salto para la humanidad". Buzz Aldrin se une a Neil Armstrong y pasan dos horas explorando, tomando fotos y recolectando muestras de rocas y polvo para futuras investigaciones.

20 DE JULIO, 17:54

Tras siete horas de descanso a bordo de la nave espacial, emprenden el regreso. Aterrizarán en el océano Pacífico.

24 DE JULIO, AMANECER

Los tres astronautas llegan a casa cuatro días después, en buen estado de salud.

¡UN CHAPUZÓN!

Los satélites

Un satélite es cualquier objeto que orbita otro objeto en el espacio. Se le llama satélite artificial si ha sido construido por los seres humanos.

LO PUEDES VER

Poco después del ocaso, es un buen momento para ver satélites. Parecen estrellas en movimiento.

En posición

Los satélites son llevados al espacio en cohetes. Los dejan en una posición tal que la gravedad de la Tierra los mantiene orbitando la Tierra sin alejarse de ella.

Distintos usos de los satélites.

Comunicación
Los satélites pueden transmitir programas de TV a todo el mundo.

Meteorología
Los satélites ayudan a predecir fenómenos como los huracanes.

Navegación
Los satélites ayudan a los autos, barcos y aviones a hallar la ruta correcta.

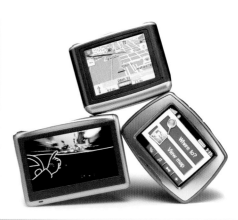

Si usas navegación satelital en tu auto, eso significa

Basura espacial

Hoy en día hay unos 3.000 satélites orbitando la Tierra. ¡Y también hay unos 20.000 pedazos de basura espacial flotando a la deriva en el espacio!

Los científicos están tratando de eliminar la basura que hay en el espacio.

La basura espacial son pedazos que se han desprendido de las naves.

Observar la Tierra

Los satélites toman fotos de la Tierra y nos dan datos sobre la contaminación.

Satélites espías

Los satélites se usan para vigilar naves y detectar misiles.

Investigación

Algunos satélites tienen grandes telescopios para observar el espacio.

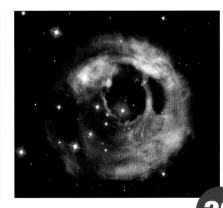

que un satélite te vigila desde más allá de las nubes.

El Hubble

El Telescopio Espacial Hubble es un satélite que orbita nuestro planeta. Es un telescopio muy potente para investigar las profundidades del espacio.

Las antenas permiten al Hubble recibir instrucciones de la Tierra.

Telescopio

Los paneles solares producen la electricidad con la que funciona el Hubble.

El Hubble se lanzó al espacio en 1990 y sigue funcionando.

El Telescopio Hubble se mueve a gran velocidad.

El telescopio ha tomado más de 400.000 fotos de unos 25.000 objetos.

En el Hubble los objetos se ven 50 veces más claramente que con los telescopios de la Tierra.

Fotos del Hubble

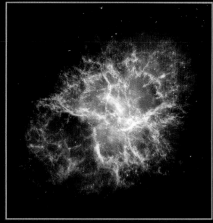

Nacimiento de una estrella

La atmósfera hace que los objetos del espacio parezcan titilar. Desde el Hubble se pueden ver mejor.

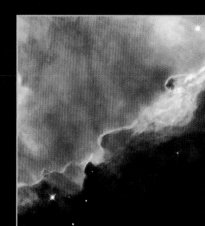

La nebulosa del Cangrejo

Descubrimientos

El Hubble ha permitido descubrir muchos misterios del universo, como agujeros negros y planetas lejanos.

Cuando el Hubble tiene alguna falla, hay que repararlo en el espacio. Los astronautas arreglan el telescopio mientras este viaja su órbita.

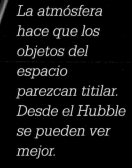

EL HUBBLE PUEDE DARLE UNA

VUELTA A LA TIERRA EN

97 minutos.

Muerte de una estrella

Puede atravesar EE.UU. en unos diez minutos.

Marte

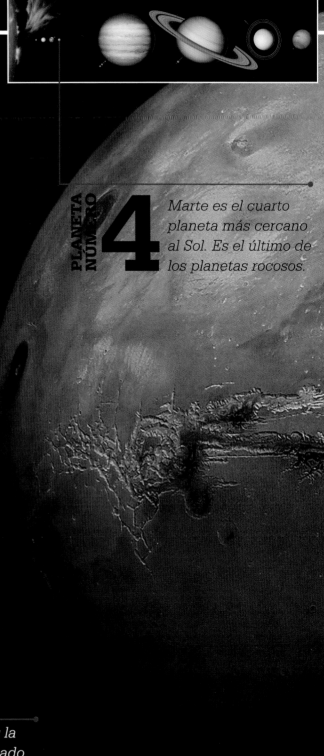

A Marte le dicen el planeta rojo, y aunque parece estar al rojo vivo, en realidad es muy, muy frío. Tiene valles y volcanes como la Tierra.

Misiones en Marte

Desde fines de los años noventa, se han enviado robots a investigar Marte. Este astromóvil toma fotos de Marte.

En Marte hay cañones que alguna vez podrían haber sido ríos. Si allí hubo agua, pudo haber vida también.

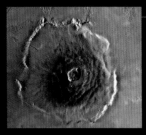

En Marte está el volcán más grande que se haya descubierto en el espacio. El Monte Olimpo es del tamaño de Texas.

La sonda Phoenix Lander *es la nave espacial que ha aterrizado en Marte más recientemente. ¡Halló indicios de que de las nubes de Marte cae nieve!*

Los astromóviles en Marte son controlados por computadora

El planeta rojo

Marte es un planeta rocoso. Debe su color anaranjado rojizo al hierro corroído de las rocas que cubren su superficie. En este planeta ocurren inmesas tormentas de polvo rojo.

LO PUEDES VER

Marte se puede identificar en el cielo nocturno por su brillo rojizo.

DATOS

Distancia promedio al Sol:

141 millones de millas

(228 millones de km)

Duración del día:
24 horas, 39 minutos, 3 segundos

Duración del año:
687 días terrestres

Nombre: Marte es el dios romano de la guerra.

Marte tiene como la mitad del tamaño de la Tierra.

Tierra

Marte

Lunas: 1 2

Marte tiene dos pequeñas lunas que parecen rocas de superficie irregular. Esta luna se llama Fobos.

Esta luna se llama Deimos y tiene solo 9 millas (14,4 kilómetros) de ancho.

desde la Tierra. Miden las temperaturas y analizan rocas.

Los asteroides

Los asteroides son rocas que flotan a la deriva en el espacio. Cuando chocan contra la Tierra, se les llama meteoritos.

El asteroide Ida

El asteroide Ida es del largo de la isla do Manhattan y está en el cinturón de asteroides. Tiene su propia luna, llamada Dactyl.

Dactyl

Ida

El cinturón de asteroides

La mayoría de los asteroides del sistema solar está en un anillo entre Marte y Júpiter llamado el anillo de asteroides. Orbitan el Sol, como los planetas.

La muerte de los dinosaurios

Se cree que los dinosaurios desaparecieron a causa del choque de un gran meteorito contra la Tierra hace unos 65 millones de años.

Meteorito

El meteorito Willamette, descubierto en 1902, es el más grande que se ha encontrado.

Alrededor del 99 por ciento de los meteoritos proceden originalmente del cinturón de asteroides.

Rocas volantes

Si un asteroide choca con otro, se desprenden rocas en el espacio.

¡Cuidado, Tierra!

De vez en cuando un asteroide choca contra la atmósfera de la Tierra.

Una abolladura

Cuando un asteroide choca contra la Tierra, forma un inmenso cráter.

Júpiter

Júpiter es el mayor planeta del sistema solar. Es tan grande que todos los otros planetas del sistema solar podrían caber dentro de él.

El gigante gaseoso

Júpiter es el primero de los cuatro planetas gaseosos. Está cubierto de nubes amarillas y rojas. Júpiter no tiene superficie sólida. Si fueras en una nave espacial a Júpiter, no tendrías donde aterrizar.

Io
Io tiene más de 400 volcanes activos y algunos emiten azufre.

Europa
Europa es muy fría, y parece un cascarón de huevo agrietado.

Ganímedes
Ganímedes, la mayor luna de Júpiter, ¡es más grande que Mercurio!

Calisto
Calisto es el objeto con más cráteres en el sistema solar.

Las lunas de Júpiter

Júpiter tiene 63 lunas rocosas que lo orbitan. Las cuatro lunas más grandes son del tamaño de planetas pequeños.

Si observas Júpiter con un telescopio, puedes ver estas cuatro lunas.

La Gran Mancha Roja

La Gran Mancha Roja es una gigantesca tormenta que se ve en la superficie de Júpiter. Al moverse, engulle otras tormentas.

DATOS

Distancia promedio al Sol:
483 millones de millas (777 millones de km)

Duración del día:
9 horas, 56 minutos

Duración del año:
12 años terrestres

Nombre: Júpiter era el rey de los dioses romanos.

Júpiter es 11 veces más grande que la Tierra.
Tierra ○

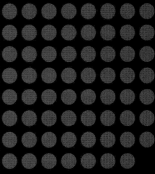

Júpiter

Lunas: 63 (hasta ahora descubiertas)

Las sondas espaciales

Una sonda espacial es una nave espacial sin tripulantes. Vuela por el espacio recolectando datos que envía a la Tierra.

La sonda espacial *Galileo*

La sonda *Galileo* se lanzó en 1989. Llegó a Júpiter en 1995, y durante ocho años envió a la Tierra datos fascinantes sobre Júpiter y sus lunas.

La sonda Galileo *producía su propia electricidad para continuar su recorrido.*

La sonda espacial Galileo *viajó 2.800 millones de millas (4.500 millones de kilómetros) en total.*

Las computadoras de la sonda enviaban mensajes a la Tierra y recibían instrucciones.

Durante el viaje, las cámaras especiales de la sonda tomaban fotografías.

En el año 2003, se dio por terminada la misión de la sonda Galileo *y se hizo que chocara contra Júpiter para que se destruyera. El objetivo era evitar que se estrellara contra una de las lunas de Júpiter y la contaminara con bacterias de la Tierra.*

Misiones de

Se espera que la sonda espacial Rosetta, *lanzada en 2004, aterrice en un cometa en el año 2014.*

Si visitas uno de los sitios web de la agencia espacial,

En 1995, la sonda espacial Galileo lanzó una sonda más pequeña con destino a Júpiter.

Esta sonda envió mensajes a la nave espacial durante 58 minutos antes de ser destruida en la atmósfera de Júpiter.

Esta pequeña sonda estaba en la parte delantera de la sonda Galileo.

►►► **Aprende más**
sobre las agencias espaciales en la pág. 75.

sondas a observar

La sonda espacial Voyager 1, *lanzada en 1977, está llegando al límite del sistema solar.*

La sonda Messenger *se lanzó en 2004 y ahora se encuentra en órbita alrededor de Mercurio.*

La nave Cassini-Huygens *salió de la Tierra en 1997. Realiza investigaciones sobre Saturno y sus lunas.*

puedes observar el progreso de las sondas espaciales.

Saturno

Saturno es una inmensa bola de gas que no tiene superficie sólida. Es famoso por los anillos que tiene alrededor.

PLANETA NÚMERO

6

Saturno es el sexto planeta más cercano al Sol, y es muy, muy frío.

Los anillos de Saturno tienen solo 0,5 millas (0,8 kilómetros) aproximadamente de grosor, pero tienen 180 millas (290 kilómetros) de ancho.

Un ojo gigantesco

Una de las lunas de Saturno, Mimas, parece un gran ojo debido a un cráter inmenso que tiene en su superficie. Esta luna es pequeña: cabría en el estado de Texas.

Si pusieras a Saturno en una piscina, flotaría; ¡es muy li

Los anillos de Saturno

Los anillos de Saturno están formados por miles de millones de pedazos de hielo. Algunos son tan pequeños como granos de polvo, mientras que otros pueden ser del tamaño de un auto.

Júpiter, Urano y Neptuno también tienen anillos, pero no son tan espectaculares como los de Saturno.

LO PUEDES VER

Saturno es el planeta más lejano que se puede ver a simple vista.

DATOS

Distancia promedio al Sol:
890 millones de millas
(1.432 millones de km)

Duración del día:
10 horas, 39 minutos
Duración del año:
29,5 años terrestres

Nombre: Saturno era el padre del rey de los dioses romanos.

Saturno es casi diez veces más grande que la Tierra.

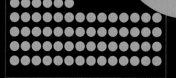

Tierra   Saturno

Lunas: 62

●●●●●●
●●●●●●●●●●●●●●
●●●●●●●●●●●●●●
●●●●●●●●●●●●●●
●●●●●●●●●●●●●●
●●●●●●●●●●●●●●

Aprende más
sobre los anillos de Urano en la pág. 43.

Urano

Urano está muy lejos del Sol. Está 19 veces más lejos del Sol que la Tierra. Es imposible ver a Urano, o cualquier planeta más lejano, a simple vista.

PLANETA NÚMERO **7**

Urano es el séptimo planeta más lejano del Sol, y está muy, muy lejos de la Tierra.

El planeta azul

Urano es una gigantesca bola de gases y líquidos. Su superficie está formada por pequeños cristales de un gas llamado metano, que hace que se vea azul.

Herschel construyó más de 400 telescopios durante su vida. Este que aparece en la foto, conocido como el telescopio gigante de Herschel, fue el más grande.

William Herschel

Urano fue el primer planeta descubierto usando un telescopio. William Herschel lo divisó por primera vez el 13 de marzo de 1781.

Algunos científicos piensan que Urano podría tener un núcleo

Los anillos

En 1977, los científicos descubrieron que Urano, como Saturno, tiene anillos.

Lunas rotas

Los científicos piensan que los anillos podrían ser restos de lunas destruidas al chocar con grandes asteroides.

Aprende más sobre los asteroides en la pág. 34.

DATOS

Distancia promedio al Sol:
1.784 millones de millas
(2.871 millones de km)

Duración del día:
17 horas, 14 minutos

Duración del año:
84 años terrestres

Nombre: Urano era el dios griego de los cielos.

Lunas: 27

La luna Miranda

Urano tiene 27 lunas. Esta, Miranda, tiene áreas oscuras que son acantilados gigantescos, dos veces más altos que el monte Everest, la montaña más alta de la Tierra.

rocoso, pero aún no lo han podido comprobar.

Neptuno

Neptuno es una gigantesca bola de líquidos y gases en lo más lejano del sistema solar.

Neptuno es el octavo planeta de nuestro sistema solar y el más distante del Sol.

Tritón

La foto muestra un dibujo de la superficie de Tritón, una de las 13 lunas de Neptuno.

El planeta misterioso

Neptuno fue descubierto cuando alguien se dio cuenta de que Urano era atraído por la fuerza gravitacional de otro objeto, que resultó ser Neptuno. Fue visto por primera vez en 1846.

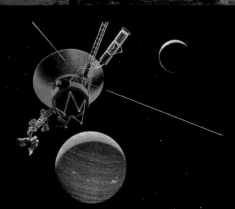

Voyager 2

La sonda espacial *Voyager 2* voló hasta Urano y usó la gravedad de ese planeta para lanzarse hacia Neptuno. Tomó fotos de Neptuno, y ahora vuela hacia el espacio desconocido y envía datos a la Tierra.

Supertormentas

Neptuno tiene el clima más violento del sistema solar. En él se producen tormentas del tamaño de la Tierra con vientos hasta diez veces más veloces que los de nuestros peores huracanes.

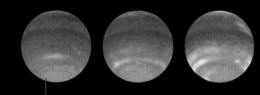

Neptuno tiene vientos de

1.240 mph

(2.000 kph).

Los vientos son tan extensos y violentos que la superficie de Neptuno cambia constantemente.

DATOS

Distancia promedio al Sol:
2.792 millones de millas (4.494 millones de km)

Duración del día:
16 horas, 7 minutos
Duración del año:
165 años terrestres

Nombre: Neptuno era el dios romano del mar.

Lunas: 13
●●●●●●●
●●●●●●

El lugar más frío

Tritón es la luna más grande de Neptuno, y es el lugar más frío del sistema solar. Es tan frío que el aire se ha congelado a su alrededor.

45

Más allá de los planetas

Más allá de los planetas primarios hay un espacio enorme. Allí se encuentran millones de objetos helados que giran alrededor del Sol, como lo hacen los planetas.

El planeta enano Plutón es el objeto más grande que conocemos del Cinturón de Kuiper, pero es más pequeño que nuestra Luna.

Plutón tiene una luna llamada Caronte. Plutón y Caronte siempre están frente a frente, bailando en el espacio.

Cinturón de Kuiper

Más allá de Neptuno se encuentra un área conocida como el Cinturón de Kuiper. Millones de cuerpos y fragmentos flotan girando alrededor del Sol.

Algunas personas piensan que los objetos del Cinturón de Kuiper son restos del proceso de formación de los planetas.

Si vas a ir Plutón, ¡lleva una linterna!

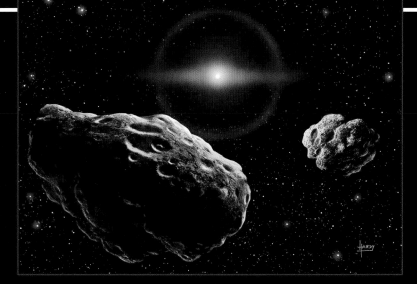

La nube de Oort

La nube de Oort está en el límite del sistema solar. Allí están los objetos más lejanos que el Sol mantiene en órbita con su gravedad. La ilustración muestra el Sol con la nube de Oort a su alrededor.

Los cometas

Los cometas son bolas de hielo que se forman en la nube de Oort. Tienen colas brillantes. Los cometas giran alrededor del Sol, acercándose y alejándose de él.

A veces los cometas se pueden ver desde la Tierra, como sucedió con el Hale-Bopp en 1997.

Shoemaker-Levy

En 1994, el cometa Shoemaker-Levy se estrelló contra Júpiter. Creó una bola de fuego del tamaño de la Tierra.

En Plutón hay poca luz.

La Vía Láctea

Nuestro sistema solar es parte de una familia de estrellas, es decir, una galaxia. Nuestra galaxia se llama la Vía Láctea. Es gigantesca. Nuestro Sol es solo una de alrededor de 100 mil millones de estrellas que hay en la Vía Láctea.

La Vía Láctea es una gigantesca espiral de estrellas con brazos curvos que se extienden hacia afuera. Nuestro sistema solar está en uno de esos brazos.

Nuestro sistema solar viaja por el espacio. Le toma 250

Observar la galaxia

La Vía Láctea parece un panqueque: de lado se ve como una banda plana. A veces se puede ver su silueta en el cielo. Todas las estrellas que vemos forman parte de la Vía Láctea.

LO PUEDES VER

millones de años dar una vuelta alrededor de la galaxia.

Las estrellas

Fuera de nuestro sistema solar hay miles de millones de estrellas. Algunas son como nuestro sol, y otras son mucho más grandes.

Nace una estrella

Las estrellas nacen en nubes arremolinadas de gas y polvo llamadas nebulosas. Todo se mezcla en una bola que se calienta y crece cada vez más.

Muerte de una estrella

Cuando una estrella muere, a veces se reduce a un punto en el espacio: como agua que se va por un desagüe llamado agujero negro.

Las galaxias

La Vía Láctea no es la única galaxia del universo. Hay millones de galaxias. Exiten tres tipos principales: espiral, irregular y elíptica (en forma de huevo).

La Galaxia de Andrómeda es espiral.

La Nube de Magallanes es irregular.

Los Ratones son galaxias elípticas.

¡Choque cósmico!

La mayor parte de las galaxias está a millones de millas de la Tierra, pero el telescopio Hubble captó el choque de estas dos galaxias.

Estas galaxias están a 500 años luz de la Tierra.

Nuestro sol es una estrella mediana. La superestrella Antares es 800 veces más ancha que nuestro sol.

Los planetas extrasolares

Los astrónomos se han preguntado siempre si hay otros planetas orbitando estrellas lejanas. En años recientes han descubierto cosas muy interesantes.

Hasta ahora se han descubierto más de 500 planetas. Los científicos piensan que podría haber miles de millones en nuestra galaxia.

Casi todos los planetas extrasolares conocidos son gaseosos, como Júpiter, pero se ha observado que uno o dos de ellos son rocosos, como la Tierra.

La vida en los cielos

En un planeta extrasolar muy caliente se han hallado indicios de la existencia de agua: ¡eso quiere decir que allí podría haber seres vivos!

Es fascinante pensar que pueda haber planetas como la

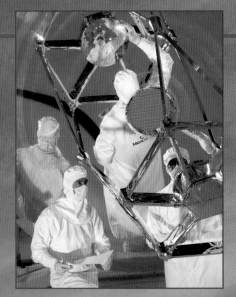

El Observatorio Espacial Herschel, construido por la Agencia Espacial Europea y lanzado en 2009, es el mayor telescopio infrarrojo que hay en el espacio.

El Herschel orbita la Tierra. Recolecta radiaciones infrarrojas de algunos de los objetos más fríos y lejanos del universo conocido.

Los planetas lejanos

En los últimos años, algunos observatorios, como el Herschel, han comenzado a divisar planetas extrasolares. Como los planetas de nuestro sistema solar, estos planetas orbitan estrellas y pueden ser gaseosos o líquidos.

Aprende más
sobre la vida extraterrestre en la pág. 54.

Tierra en el espacio, donde quizás haya vida.

¿Hay alguien ahí?

¿Estamos solos en el espacio? Nadie lo sabe con certeza, pero los científicos están haciendo todo lo posible por saber si existe vida fuera de la Tierra.

¿Cómo crees que podrían ser los extraterrestres? Haz un dibujo para mostrarlo.

Agua para la vida

La vida, como la conocemos, requiere la existencia de agua y una temperatura adecuada. Los científicos siempre buscan indicios de agua en otros planetas y lunas que podrían permitir la existencia de vida.

Vida en Marte

Con las sondas se ha logrado descubrir que en Marte hubo agua en el pasado y que aún podría haber aguas subterráneas allí. Incluso podría haber formas elementales de vida.

Pronto podremos enviar personas a Marte en busca de vida.

Vida en otros planetas

El Hubble ha descubierto que la atmósfera de este planeta extrasolar contiene dióxido de carbono, un gas esencial para las plantas. ¿Podría haber vida y plantas en otro planeta fuera de la Tierra?

Hay muchas ideas sobre el aspecto de los extraterrestres. Esta es solo una de ellas.

Mensajes de la Tierra

Las sondas espaciales *Voyager* llevan mensajes y fotos de la Tierra, en caso de que las encuentren seres extraterrestres.

Aprende más sobre los planetas extrasolares en la pág. 52.

55

El cielo nocturno

Si miras al cielo en una noche sin nubes, te puede parecer una masa de estrellas sin orden. Pero si estudias las estrellas comenzarás a descubrir patrones.

Averigua cuándo se pueden ver los planetas fácilmente desde la Tierra, y trata de identificarlos.

Divisar planetas

Si observas el cielo nocturno, verás que las estrellas parecen moverse juntas por el cielo. Pero los planetas tienen sus propias rutas.

LO PUEDES VER

Venus

Marte

Saturno

Hace miles de años, los marinos usaban las estrellas para

El Carro

El Carro es un patrón de estrellas del hemisferio norte fácil de identificar.

La Cruz del Sur

En el hemisferio sur es fácil divisar esta cruz en el cielo nocturno.

En ciertas épocas del año, los asteroides llegan en grupos. Este fenómeno se conoce como lluvia de meteoritos.

Estrellas fugaces

Las estrellas que parecen volar en el cielo son en realidad asteroides que se queman al entrar en nuestra atmósfera.

guiarse en la noche cuando navegaban en alta mar,

Los observatorios

Un observatorio es un lugar dedicado a observar el cielo. El cielo nocturno se ve claramente desde algunos pocos lugares de la Tierra.

Los telescopios

La mayoría de los telescopios tiene espejos y antenas parabólicas para observar el espacio. Otros detectan ondas de sonido y radiaciones infrarrojas.

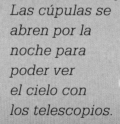

Las cúpulas se abren por la noche para poder ver el cielo con los telescopios.

Los observatorios suelen estar a gran altura para

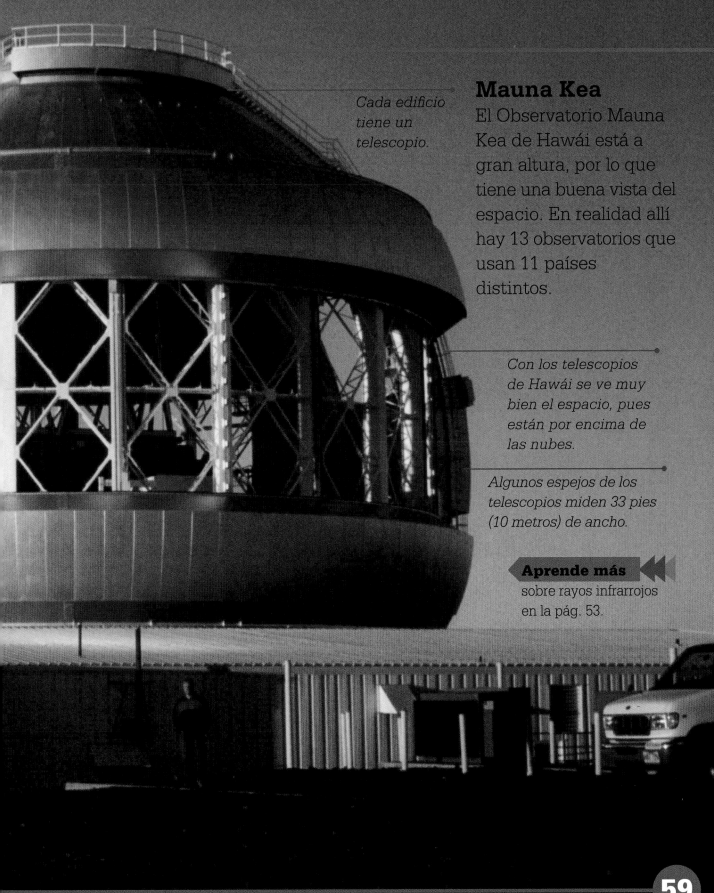

Cada edificio tiene un telescopio.

Mauna Kea

El Observatorio Mauna Kea de Hawái está a gran altura, por lo que tiene una buena vista del espacio. En realidad allí hay 13 observatorios que usan 11 países distintos.

Con los telescopios de Hawái se ve muy bien el espacio, pues están por encima de las nubes.

Algunos espejos de los telescopios miden 33 pies (10 metros) de ancho.

Aprende más ◀◀◀ sobre rayos infrarrojos en la pág. 53.

tener una vista más clara de las estrellas.

Los cohetes

Todas las naves espaciales, como los satélites, se lanzan desde la Tierra usando cohetes.

Ariane 5

Los cohetes Ariane se usan para lanzar satélites al espacio.

Los satélites van en el cono delantero.

Estos dos cohetes propulsores lanzan al Ariane al espacio.

El cohete Ariane hace un solo viaje. Al terminar su misión, queda a la deriva en el espacio.

1. El satélite

El satélite meteorológico se revisa y se coloca dentro de un cohete.

2. A la plataforma

El cohete se remolca sobre rieles de tren hasta la plataforma de lanzamiento.

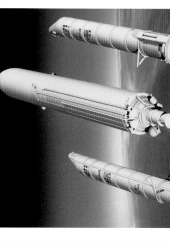

3. El lanzamiento

Tras ser revisado minuciosamente, el cohete despega. Al minuto de despegar, el cohete ya se mueve a la velocidad de una bala.

4. Los propulsores

Cuando los dos cohetes propulsores, que están a los lados, terminan su misión, que es llevar la nave hasta cierta altura, caen hacia el océano.

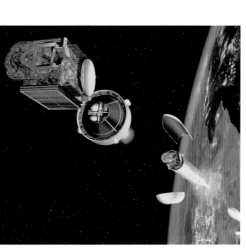

5. Apertura

Ahora el cohete avanza impulsado por su motor. El cono delantero se desprende y los satélites quedan a la vista.

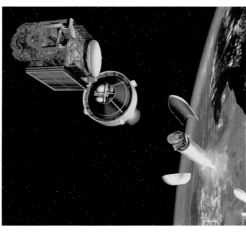

6. Los satélites

El cohete deja los satélites en órbita. El cohete ha cumplido ya su misión y se aleja a la deriva en el espacio.

10, 9, 8, 7, 6, 5, 4, 3, 2, 1 . . . ¡DESPEGANDO!

3, 2, 1... ¡despegando!

Un cohete tiene que ser muy veloz y poderoso para despegar. Los cohetes aceleradores que tiene a sus lados lo lanzan al espacio.

Al quemar el combustible, se libera gas caliente a una velocidad tan grande que impulsa al cohete hacia arriba, como cuando sueltas un globo inflado con la boquilla abierta.

Los cohetes viajan a 25.000 millas por hora (40.000 kilómetros por hora).

Cuenta regresiva

Un minuto antes del despegue, debe comprobarse que todo está bien, incluso las condiciones del tiempo. Entonces comienza la cuenta regresiva, que indica a todos cuándo deben entrar en acción.

En la Tierra, en el centro de control de la misión, se observa cada movimiento del cohete.

Los controladores del vuelo están en contacto continuo con la tripulación.

Los transbordadores

El transbordador espacial es una nave espacial que lleva personas al espacio y luego regresa a la Tierra, como los aviones.

3. La nave usa el combustible del tanque anaranjado para llegar hasta el espacio.

1. En el despegue, los cohetes impulsores explotan en llamas para impulsar al transbordador hacia el espacio.

2. Poco después de despegar, los propulsores caen al mar sostenidos por paracaídas.

Al transbordador espacial le toma 8½ minutos llegar al espacio.

Aprende más sobre la vida en el espacio en la pág. 70.

En el transbordador pueden viajar

4. Cuando la nave llega al espacio, el tanque se desprende.

5. El transbordador viaja a través del espacio impulsado por su propio combustible.

El tanque de combustible

Cuando el tanque cae, no causa daños en la Tierra, pues como casi todos los objetos, al entrar en la atmósfera, se quema totalmente.

Los transbordadores pueden pasar hasta un mes en el espacio.

El transbordador espacial solo viaja alrededor de la Tierra; no se adentra más allá en el espacio.

La Estación Espacial Internacional (EEI)

La EEI a veces tiene que cambiar su altura de vuelo para no chocar con basura espacial.

La Estación Espacial Internacional (EEI) es un enorme laboratorio que viaja alrededor de la Tierra en el espacio.

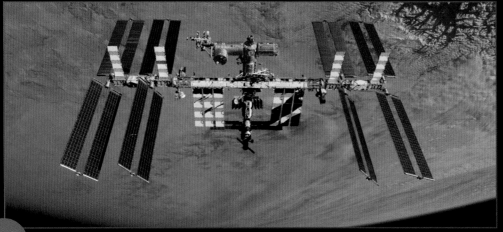

La EEI se armó en el espacio, pues era imposible llevarla en el transbordador.

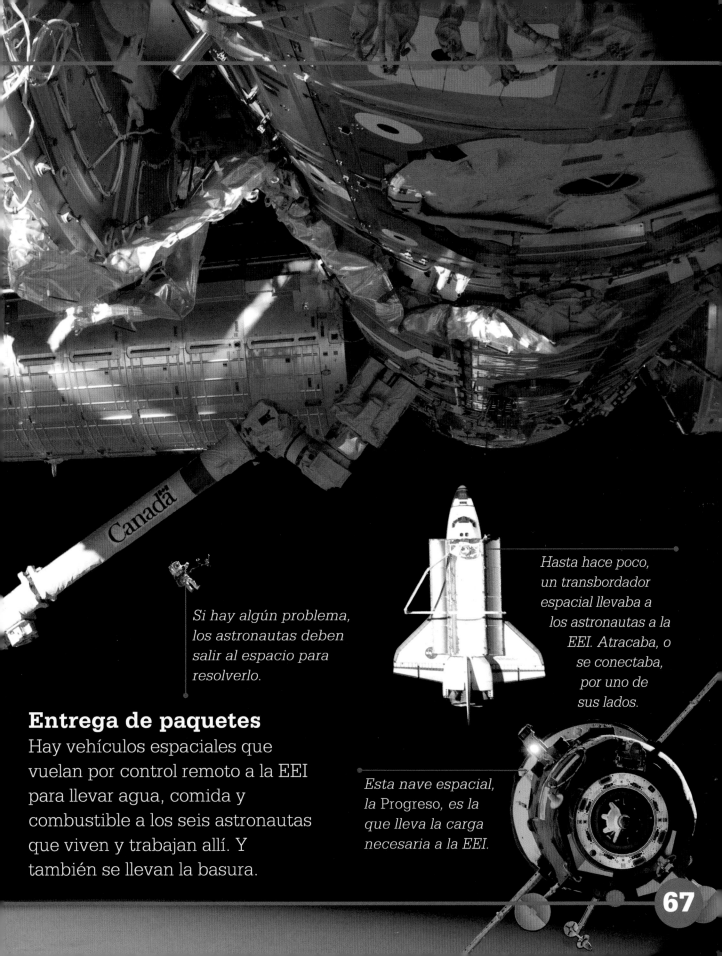

Si hay algún problema, los astronautas deben salir al espacio para resolverlo.

Hasta hace poco, un transbordador espacial llevaba a los astronautas a la EEI. Atracaba, o se conectaba, por uno de sus lados.

Entrega de paquetes

Hay vehículos espaciales que vuelan por control remoto a la EEI para llevar agua, comida y combustible a los seis astronautas que viven y trabajan allí. Y también se llevan la basura.

Esta nave espacial, la Progreso, es la que lleva la carga necesaria a la EEI.

El traje espacial

Los astronautas tienen que usar trajes espaciales para salir de la nave o la estación espacial. En los trajes hay comida, agua, aire e incluso energía eléctrica.

El casco protege la cabeza del astronauta de los objetos pequeños que flotan en el espacio y pueden golpearlo.

El visor tiene una capa de oro que protege de los rayos del Sol.

Dentro del traje hay una bolsa con agua. El astronauta muerde un tubo cercano a su boca para tomar agua.

Si un astronauta queda a la deriva, puede usar los propulsores (pequeños cohetes que lleva a la espalda) para regresar a la nave.

El traje espacial tiene catorce capas. Algunas protegen del calor o del frío. Tiene una resistente al fuego, una impermeable y otra a prueba de balas para proteger el cuerpo de los objetos que flotan en el espacio.

Ponerse o quitarse el traje espacial toma mucho tiempo, por eso los astronautas usan pañales de adulto en lugar de usar un baño.

Los guantes tienen un sistema de calefacción.

Los trajes pueden sujetarse a la nave con cuerdas y anillas para que el astronauta no quede a la deriva.

En la muñeca lleva una lista de las tareas que debe realizar en el paseo espacial.

El traje tiene ropa interior especial, con tubos finos por donde corre agua para evitar la congelación o el calentamiento excesivo.

Un día en la EEI

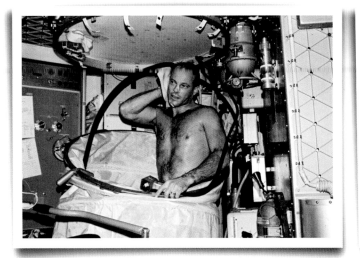

¡Es hora de levantarse!

En la estación espacial todo flota, incluso el agua, así que nadie se baña. Al levantarse, los astronautas se lavan con una esponja húmeda.

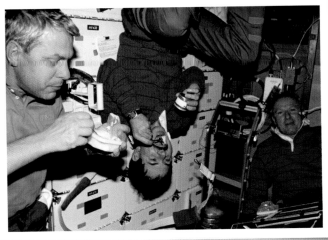

La comida

Los astronautas comen tres veces al día. La comida viene en paquetes especiales para que no salga volando y la trae de la Tierra una nave espacial.

Ir a trabajar

Los astronautas hacen experimentos en el espacio que nos pueden ayudar en la Tierra. Siembran plantas medicinales y prueban combustibles más ecológicos.

Ir al baño

El agua flota, ¡y la orina también! Cuando un astronauta va al baño, los desechos son recogidos por una máquina que parece una aspiradora.

Ejercicios en el espacio

Al menos dos horas diarias se dedican al ejercicio. Eso es importante para la salud, pues en el espacio los huesos y los músculos se debilitan.

Limpiar la casa

La EEI es como una casa grande que necesita mucho cuidado. Se dedica mucho tiempo a trabajos caseros como la limpieza, y todo el mundo ayuda.

Paseo espacial

La EEI tuvo que armarse en el espacio, pues es muy grande. ¿Te imaginas construir esa nave vestido con un traje espacial y flotando en el espacio?

Hora de dormir

Los astronautas deben atarse a algo cuando van a dormir para no salir flotando por la nave espacial. Usan bolsos de dormir sujetos a la pared.

Entrevista

Nombre: Andreas Mogensen

Nacionalidad: Danés

Profesión: Astronauta de la Agencia Espacial Europea

P **¿Cómo se siente uno cuando no pesa?**

R Imagínate que el suelo desapareciera bajo tus pies, pero que en vez de caer, flotaras. Es muy relajante, y lo más parecido que uno puede hacer a volar como un ave.

P **¿Es cierto que algunos astronautas se marean por la ingravidez?**

R Muchos astronautas se marean, pero hoy en día hay medicinas para esos casos.

P **¿La comida espacial es sabrosa?**

R Sorprendentemente, ¡sabe muy bien! Una buena comida lo relaja a uno y lo hace sentir mejor, por eso se dedican grandes esfuerzos a hacer que nuestra comida sepa bien.

P **¿El traje pesa mucho?**

R En la Tierra, el traje espacial es muy pesado: unas 300 libras (136 kg), es el peso de dos adultos. Pero en el espacio no pesa nada, pues no hay gravedad. Sin embargo, es muy rígido, así que uno pasa trabajo para doblar los brazos y las piernas.

P **¿En qué idiomas hablan los astronautas de la estación?**

R En la EEI, los astronautas hablan en inglés o en ruso. Todos los astronautas deben conocer esos dos idiomas para trabajar allí.

con un astronauta

P **¿Por qué los astronautas se entrenan bajo el agua?**

R Los astronautas deben aprender a trabajar en la ingravidez antes de ir al espacio. Flotar en el agua es parecido a estar en el espacio, por eso es un buen lugar para entrenarse.

P **¿Sabes pilotar aviones?**

R Todos los astronautas tienen que aprender a pilotar aviones para aprender a controlar la nave, leer los controles y hablar por la radio al mismo tiempo. Eso nos ayuda a prepararnos para trabajar como astronautas en el espacio.

P **¿Qué más debes hacer como entrenamiento?**

R Tenemos mucho entrenamiento relacionado con la ciencia y el espacio y, además, es esencial que los astronautas aprendan a trabajar en equipo. A nosotros nos enviaron a un lugar inhóspito por una semana, y tuvimos que ayudarnos para buscar nuestra comida y construir el refugio.

P **Ahora que el transbordador espacial no vuela más, ¿cómo vas a ir al espacio?**

R El cohete ruso Soyuz llevará a los astronautas a la EEI. Es una cápsula sin alas para tres personas que se lanza y aterriza en Kazajstán, Asia.

P **¿Cuál crees que será el próximo descubrimiento espacial importante?**

R Marte es el próximo paso en la exploración del espacio. Quizás hallemos señales de vida en Marte.

El futuro espacial

En los últimos 50 años, hemos aprendido mucho sobre el espacio, pero queda mucho por descubrir. ¿Qué hay más allá del sistema solar? ¿Existe la vida en otros planetas? Resulta fascinante pensar en el futuro.

Los seres humanos en el espacio

El próximo plan para la exploración del espacio es enviar astronautas a Marte y construir una estación espacial en la Luna. ¡Quizás podremos ir de vacaciones al espacio también!

Las cosas que se inventan para el espacio a veces se

Código de barras

Se inventó para llevar un control de los millones de piezas de los vehículos espaciales.

Pruebas oculares

Los científicos de la NASA diseñaron un examen sencillo para probar la vista.

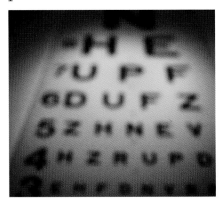

Botas de esquiar

Los cierres de las botas de esquiar se inventaron para los astronautas.

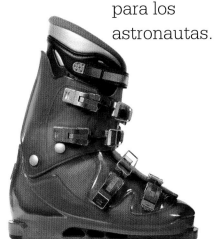

La NASA y la AEE tienen excelentes sitios web para niños.

Agencias espaciales

La Administración Nacional de Aeronáutica y del Espacio (NASA), la agencia espacial de EE.UU., es una de las muchas que hay en el mundo dedicadas a explorar nuestro universo.

AEE *Agencia Espacial Europea*

FKA/RKA *Agencia Espacial Federal Rusa*

JAXA *Agencia Japonesa de Exploración Aeroespacial*

CSA *Agencia Espacial Canadiense*

Las agencias espaciales colaboran para entrenar a los astronautas y financiar la exploración del espacio.

usan en la Tierra. Aquí tienes varios ejemplos.

Termómetro de oído

El sensor de calor de este termómetro se inventó para detectar el nacimiento de nuevas estrellas.

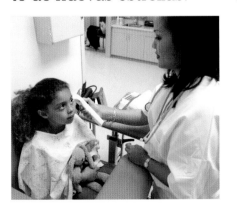

Taladro sin cables

Se inventó originalmente para perforar rocas en la Luna, donde no hay tomacorrientes.

Trajes de bombero

Algunos de los trajes resistentes al fuego de los bomberos son trajes espaciales.

Visítalos para ver lo que se está haciendo en el espacio.

Glosario

Agujero negro
Área del espacio donde la gravedad es tan fuerte que nada escapa de allí, ni siquiera la luz.

Año luz
Distancia que la luz recorre en un año.

Asteroide
Roca que flota en el espacio orbitando el Sol.

Astronauta
Persona entrenada para viajar y trabajar en una nave espacial.

Atmósfera
Mezcla de gases que rodea un planeta.

Cinturón de Kuiper
Región del sistema solar más allá de la órbita de Neptuno donde se hallan millones de partículas heladas.

Cohete
Vehículo propulsado por motores y diseñado para viajar a través del espacio.

Cometa
Bola de hielo y polvo que orbita el Sol.

Constelación
Grupo de estrellas que forma una silueta o figura. Los antiguos griegos dieron a muchas de ellas nombres de animales, objetos o héroes mitológicos.

Cráter
Hundimiento causado por una explosión o por el impacto de un objeto como un asteroide.

Eclipse
Fenómeno que se produce cuando un planeta o luna cubre el Sol e impide el paso de su luz. Un eclipse solar ocurre cuando la Luna cubre el Sol e impide que su luz llegue a la Tierra.

Erupción solar
Erupción repentina de energía en la superficie del Sol o cerca de ella. Las erupciones solares pueden afectar las comunicaciones por radio en la Tierra.

Estrella
Objeto formado por gas ardiente. Las estrellas brillan con luz propia y muchas se pueden ver en el cielo desde la Tierra.

Extrasolar
Fuera del sistema solar.

Galaxia
Grupo de estrellas. Hay miles de millones de galaxias en el universo. Los tres tipos principales son: espiral, irregular y elíptica (en forma de huevo).

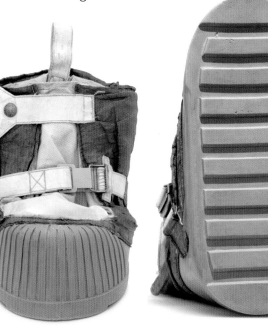

Los astronautas usan una botas protectoras muy grandes.

Girar
Dar vueltas en círculo, u orbitar, alrededor de un objeto o punto central.

Gravedad
Fuerza que atrae los objetos entre sí. Es también la fuerza que atrae los objetos a la Tierra.

Infrarrojo
Longitudes de onda más allá del rojo en el espectro, y que son invisibles.

Luna
El único satélite natural de la Tierra. Orbita la Tierra y es su vecino más cercano.

Lunar
Relativo a la Luna.

Meteorito
Roca que cae del espacio a la superficie de la Tierra.

Nave espacial
Vehículo que viaja por el espacio.

Nebulosa
Nube de gas y polvo en el espacio.

Nube de Oort
Cometas que orbitan el Sol en el límite del sistema solar.

Observatorio
Edificio diseñado para albergar telescopios y otros instrumentos para el estudio de las estrellas y el clima.

Orbitar
Dar vueltas alrededor de un planeta o estrella. A la ruta que sigue un objeto alrededor de un planeta o estrella se le llama órbita.

Planeta
Objeto redondo que orbita una estrella. Puede ser rocoso o gaseoso. Hay ocho planetas primarios en nuestro sistema solar. La Tierra es uno de esos planetas.

Rotar
Moverse en círculo alrededor de un punto central.

Satélite
Objeto que orbita un planeta. La Luna es un satélite natural que orbita la Tierra. Es posible poner satélites artificiales en el espacio a orbitar un planeta y recolectar información.

Sistema solar
Estrellas, planetas, lunas, asteroides, cometas y otros objetos que orbitan el Sol. El Sol es el centro del sistema solar.

Sol
Inmensa bola de gas abrasador, muy caliente. El Sol es la estrella de nuestro sistema solar.

Solar
Relativo al Sol.

Sonda espacial
Nave espacial que viaja sin tripulantes a bordo. Se usa para recolectar información sobre el espacio.

Transbordador espacial
Nave espacial que viaja por el espacio con personas a bordo.

Universo
Todo lo que existe. En él está contenido todo el espacio, con todos los planetas y todas las estrellas.

Vía Láctea
Galaxia donde están el Sol y los ocho planetas primarios, entre ellos la Tierra. La Vía Láctea es nuestra galaxia. El sistema solar está en uno de los brazos de la galaxia.

Índice

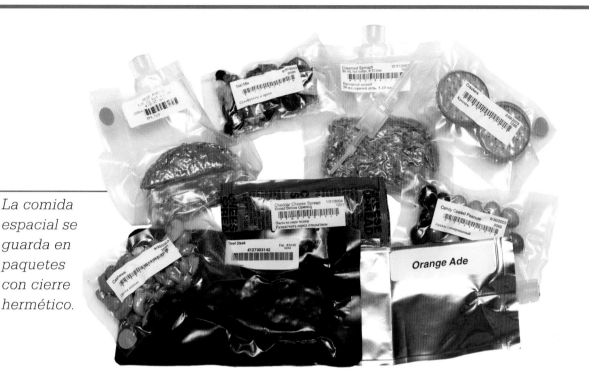

La comida espacial se guarda en paquetes con cierre hermético.

Agradecimientos

Créditos fotográficos

1: Photri/Topham/The Image Works; 4–5, 6tr: Detlev van Ravenswaay/Photo Researchers, Inc.; 6: Detlev van Ravenswaay/Science Photo Library/Photo Researchers, Inc.; 7tl: Stocktrek Images/Getty Images; 7mal: NASA/SSPL/The Image Works; 7mbl: Antonio M. Rosario/Getty Images; 7bl: Lynette Cook/Photo Researchers, Inc.; 7br: SPL/Photo Researchers, Inc.; 8d: Trevor Lush/Corbis; 8bl: Corbis Premium RF/Alamy; 8bcl: 2006 DigitalGlobe/Getty Images; 8bcr: Stocktrek Images, Inc./Alamy; 8br: Planetaary Visions Ltd/Photo Researchers, Inc.; 9l: SPL/Photo Researchers, Inc.; 9r: Mark Garlick/Science Photo Library/Photo Researchers, Inc.; 10–11: Detlev van Ravenswaay/Photo Researchers, Inc.; 11t: Image Source/Alamy; 12tl: Ivan Burmistrov/iStockphoto; 12tcl: Panos Karapanagiotis/Shutterstock; 12tcr: Photoroller/Shutterstock; 12tr: The Art Archive/Alamy; 12bl, 12bcl, 12bcr, 12br: George Toubalis/Shutterstock; 12–13 (symbols): John T Takai/Shutterstock; 13tl: Kamira/Shutterstock; 13tcl: bilwissedition Ltd & Co. KG/Alamy; 13tcr: public domain; 13tr: Kmiragaya | Dreamstime.com; 13bl, 13bcl, 13bcr, 13br: George Toubalis/Shutterstock; 14tl: Gary Hincks/Photo Researchers, Inc.; 14tr: Detlev van Ravenswaay/Photo Researchers, Inc.; 14cma, 14cmb: George Toubalis/Shutterstock; 14bl: Sheila Terry/Photo Researchers, Inc.; 14bc: Oleksii Glushenkov/iStockphoto; 14br: Ashestosky | Dreamstime.com; 14–15m: Matthias Kulka/Corbis; 15tl: Novosti/Photo Researchers, Inc.; 15tc: Peter Ryan/Photo Researchers, Inc.; 15tr: George Toubalis/Shutterstock; 15ml (bottom): LightroomTopham/The Image Works; 15ml (middle): The Image Works/National Geographic Stock; 15ml (top): NASA; 15mc: Science Source/Photo Researchers, Inc.; 15mr: Detlev van Ravenswaay/Photo Researchers, Inc.; 15bl: NASA/Science Source/Photo Researchers, Inc.; 15bc: National Geographic Stock; 15br: Paul Wootton/Photo Researchers, Inc.; 16tr: NASA; 16bl, 16bc, 16br: Solar & Heliospheric Observatorio consortium (ESA & NASA)/Photo Researchers, Inc.; 16–17: Detlev van Ravenswaay/Photo Researchers, Inc.; 17b Alex Lutkus/NASA/Photo Researchers, Inc.; 18tr: Detlev van Ravenswaay/Photo Researchers, Inc.; 18m: Science & Society Picture Library/Getty Images; 18b: Dr Ian Robson/Science Photo Library/Photo Researchers, Inc.; 18–19: MPI/Getty Images; 19t: NASA; 20tr: Detlev van Ravenswaay/Photo Researchers, Inc.; 20m: NASA/Science Source/Photo Researchers, Inc.; 20–21b: Digital Vision/Getty Images; 21ml: NASA; 21mc: David P. Anderson, Southern Methodist University/NASA/Photo Researchers, Inc.; 21r: NASA; 22tr: Detlev van Ravenswaay/Photo Researchers, Inc.; 22ml: SPL/Photo Researchers, Inc.; 22bl: NASA; 22br: Image Source/Corbis; 22–23: Photri/Topham/The Image Works; 23tr: Juniors Bildarchiv/Alamy; 24t: J. Sanford/Photo Researchers, Inc.; 24–25b: Larry Landolfi/Photo Researchers, Inc.; 25l: Dimitar Todorov/Alamy; 25r: George Diebold/Getty Images; 26tr, 26bl: NASA/Science Source/Photo Researchers, Inc.; 26br: SSPL/NASA/Getty Images; 27t: SSPL/NASA; 27mr: Steve Bronstein/Getty Images; 27bl: NASA/Science Photo Library/Photo Researchers, Inc.; 27br: SSPL/Getty Images; 28t: Friedrich Saurer/Photo Researchers, Inc.; 28bl: Tony Cordoza/Alamy; 28bc: National Oceanic and Atmospheric Administration/Photo Researchers, Inc.; 28br: Corbis/MediaBakery; 29t: Dr. Seth Shostak/Photo Researchers, Inc.; 29m: Detlev van Ravenswaay/Photo Researchers, Inc.; 29bl: Aerial Archives/Alamy; 29bc: 67photo/Alamy; 29br: NASA, Agencia Espacial Europea y H.E. Bond (STScI); 30–31: Friedrich Saurer/Photo Researchers, Inc.; 31tr, 31mr, 31br: NASA/Alamy; 32tr: Detlev van Ravenswaay/Photo Researchers, Inc.; 32tl: NASA/Science Source/Photo Researchers, Inc.; 32mal: National Geographic Stock; 32mbl: NASA; 32bl: Media Bakery/MediaBakery; 32–33: Stocktrek Images/Getty Images; 33br (arriba): ESA/DLR/FU Berlin (G. Neukum); 33br (abajo): NASA; 34tr: NASA;

34bl: Louie Psihoyos/Getty Images; 34–35 (detrás): Gary Hincks/Photo Researchers, Inc.; 34–35 (frente): Roger Viollet/Getty Images; 35tl: Media Bakery/MediaBakery; 35tc: Friedrich Saurer/Photo Researchers, Inc.; 35tr: David Parker/Photo Researchers, Inc.; 36tr: Detlev van Ravenswaay/Photo Researchers, Inc.; 36b: NASA; 36–37: Antonio M. Rosario/Getty Images; 38–39: NASA; 40tr: Detlev van Ravenswaay/Photo Researchers, Inc.; 40bl, 40–41: NASA; 42tr: Detlev van Ravenswaay/Photo Researchers, Inc.; 42bl: Science Source/Photo Researchers, Inc.; 42br: Royal Astronomical Society/Photo Researchers, Inc.; 42–43: Friedrich Saurer/Photo Researchers, Inc.; 43tl: Friedrich Saurer/Photo Researchers, Inc.; 43ml: Mark Garlick Words and Pictures Limited; 43b: NASA; 44tr: Detlev van Ravenswaay/Photo Researchers, Inc.; 44bl: Ingram Publishing/Alamy; 44–45 (arriba): NASA; 44–45 (abajo): Walter Myers/Photo Researchers, Inc.; 45m: Space Telescopio Science Institute/NASA/Photo Researchers, Inc.; 46–47: NASA, ESA and G. Bacon (STScI); 47t: David A. Hardy/Photo Researchers, Inc.; 47m: Michael Stecker/Galaxia Picture Library/Alamy; 47b: Carl Goodman/Photo Researchers, Inc.; 48–49: Mark Garlick/Science Photo Library/Photo Researchers, Inc.; 49br: Science Source/Photo Researchers, Inc.; 50tr: Christian Darkin/Alamy; 50mr: PaulPaladin/Alamy; 50bl: Mark Garlick/Photo Researchers, Inc.; 50bc: Christian Darkin/Alamy; 51tl: NASA; 51tc: NASA/ESA/Getty Images; 51tr: NASA; 51br: NASA/STSCI/AURA/ESA/A. Evans/Photo Researchers, Inc.; 52–53: Detlev van Ravenswaay/Photo Researchers, Inc.; 53tl: Patrick Dumas/Photo Researchers, Inc.; 53tr ESA/AOES Medialab/Photo Researchers, Inc.; 54tl: Christian Darkin/Photo Researchers, Inc.; 54–55 (front): Victor Habbick Visions/Photo Researchers, Inc.; 54–55 (back): Detlev van Ravenswaay/Photo Researchers, Inc.; 55tl: NASA/ESA/M. Swain, JPL/STSCI/Photo Researchers, Inc.; 56b: John Sanford/Photo Researchers, Inc.; 56–57: Matthias Kulka/Corbis; 57tl: Gerard Lodriguss/Photo Researchers, Inc.; 57tr: John Sanford/Photo Researchers, Inc.; 57b: Tony and Daphne Hallas/Photo Researchers, Inc.; 58tl: Patrick Dumas/Photo Researchers, Inc.; 58–59: John K. Davies/Photo Researchers, Inc.; 60ml: Patrick Landmann/Photo Researchers, Inc.; 60mr: David Ducros/Photo Researchers, Inc.; 60bl: Agencia Espacial Europea/Photo Researchers, Inc.; 60br: D. Ducros/Photo Researchers, Inc.; 60–61 (arriba), 61m, 61b: David Ducros/Photo Researchers, Inc.; 62–63: AGENCIA ESPACIAL EUROPEA/CNES/ARIANESPACE-SERVICE OPTIQUE CSG/Photo Researchers, Inc.; 63br: NASA/Photo Researchers, Inc.; 64–65: Friedrich Saurer/Photo Researchers, Inc.; 65tr: NASA; 65br: Walter Myers/Photo Researchers, Inc.; 66–67, 66bl, 67ml, 67br, 68–69, 70tl: NASA; 70tr: Johnson Space Center Collection/NASA; 70bl: NASA; 70br: Martehall Space Flight Center Collection/NASA; 71tl: NASA; 71tr: NASA Human Spaceflight Collection; 71bl, 71br: NASA; 72: M.Koell, 2009/ESA; 73: NASA; 74t: Panoramic Images/Getty Images; 74bl: Jetta Productions/Getty Images; 74bc: Tek Image/Photo Researchers, Inc.; 74br: titelio/Shutterstock; 75t: ALLAN HUGHES/Alamy; 75bl: NewStock/Alamy; 75bc: Media Bakery/MediaBakery; 75br: Stocktrek Images, Inc./StockTrek; 76l, 76r: Detlev van Ravenswaay/Photo Researchers, Inc.; 79: NASA/Photo Researchers, Inc.

Los créditos por las imágenes de las páginas 2–3 se pueden ver en las páginas 4–5, 18–19, 76–77 y 78–79.

Créditos de cubierta

Frente tl: NASA; m: Detlev van Ravenswaay/Photo Researchers, Inc.; bl, br: NASA; fondo: iStockphoto. Back tl: NASA; tcl: Image Source/Alamy; tcr: Lynette Cook/Photo Researchers, Inc.; tr: NASA; fondo: iStockphoto.